찰나의 순간
강　아　지

찰나의 순간 DOG

지은이 또 하나의 가족
펴낸이 임상진
펴낸곳 도서출판 넥서스

초판 1쇄 인쇄 2017년 1월 25일
초판 1쇄 발행 2017년 2월 5일

출판신고 제406-251002011000302호
10880 경기도 파주시 지목로 5
Tel (02)330-5500 Fax (02)330-5555

ISBN 978-89-98454-62-3 13890

출판사의 허락 없이 내용의 일부를
인용하거나 발췌하는 것을 금합니다.

가격은 뒤표지에 있습니다.
잘못 만들어진 책은 구입처에서 바꾸어 드립니다.

www.nexusbook.com

LOVE YOU DOG

찰나의 순간

강아지

넥서스

가족이 생겼어요!

널 처음 만난 날을 아직도 기억해.
꼬물꼬물 내 품속으로 파고들어
커다란 눈으로 집안을 두리번거렸지.
그렇게 우리는 가족이 되었어.

강아지가 있는 우리집 풍경

품에 안겨 새근새근 잠이 든 모습,
두루마리 화장지로 집안을 엉망으로 만들고
고개를 갸우뚱하며 바라보던 표정…
내 핸드폰 카메라 속에는 너의 사진으로 가득해.

고마워, 사랑해

항상 내곁에서 나를 위로해 주는 너에게
작은 선물을 하고 싶어.
우리가 함께한 시간들을 영원히 기억할 수 있도록
사진과 글로 남겨 기록할게.

• 나누고 싶은 《찰나의 순간》 •

사랑하는 반려견을 위한 선물
반려견과 가족의 모습이 담긴 사진을 붙이고 꾹꾹 눌러 쓴 손글씨로 채운 《찰나의 순간》으로 사랑을 남겨요.

또 다른 반려견 가족을 위한 선물
강아지를 키우는 가족이나 친구에게 특별한 선물을 하고 싶다면 핸드메이드 감성 앨범&라이팅북 《찰나의 순간》을 선물해 보세요.

How to use 1

이 책은 사랑스러운 강아지와 함께하는 소소한 일상부터 특별한 추억 등
행복한 순간을 사진과 손글씨로 기록하는 포토 앨범&감성 라이팅북이에요.

1 포토 타이틀

사진 제목이에요. '첫 만남', '산책' 등
강아지와의 소소한 일상을 적었어요. 제목을
읽고 생각나는 사진을 자유롭게 붙여 보세요.

2 메시지

강아지에게 자주 하는 말들,
꼭 해 주고픈 말들,
강아지의 일상을 글로 적었어요.

3 포토 프레임

사진을 붙일 수 있는 공간이에요.

4 예쁜 사진

강아지 친구들의 사진을 담았어요.
사진과 어울리는 사진을 붙여도 좋고,
사진처럼 우리 강아지와 사진을 찍어도 예뻐요.

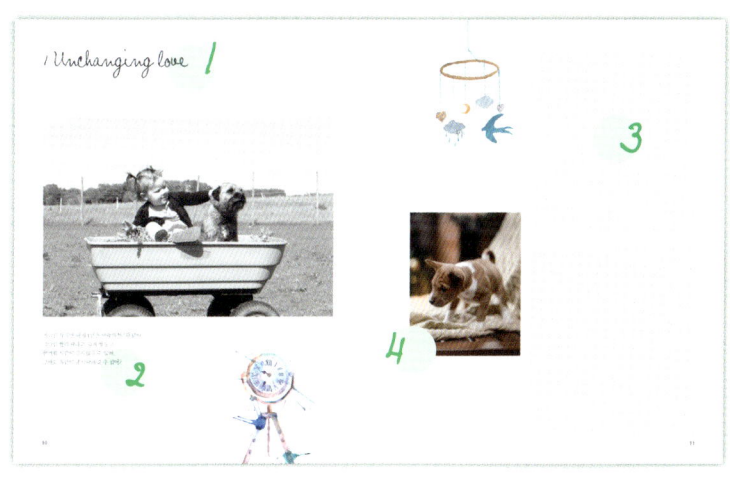

1 행복한 질문

우리 강아지에게 편지를 써 봐요.
한 번쯤 떠올리면 행복해질
질문들을 담았어요.

2 프리 노트

질문을 읽고 생각나는 글을 써도 좋고,
그림을 그리거나 사진을 붙여도 좋아요.

3 날짜, 나이

프리 노트를 쓴 날짜와
우리 강아지가 몇 살 때 모습, 이야기인지
기록해 봐요.

How to use 2

우리 강아지의 귀엽고 예쁜 모습, 말썽을 부리고도 천진한 표정, 장난꾸러기 강아지와 함께한 좌충우돌 일상들….
사랑하는 강아지를 생각하며 한 장 한 장 사진을 골라 예쁘게 붙여 보세요.
사진을 붙일 때는 풀보다 양면테이프를 사용해야 들뜨지 않아요.

책에 있는 예쁜 사진을 강아지와 함께 봐도 좋고,
그 위에 우리 강아지 사진을 붙여도 좋아요.

사진을 붙일 때 포토 프레임에 딱 맞지 않아도 돼요.
비뚤거나 작게 붙여도 좋고, 모양대로 잘라서 붙여도
책에 있는 사진이 배경이 되어서 예뻐요.

강아지와 함께 찍은 행복한 사진을
붙여 봐요.

사각사각 손글씨도 쓸 수 있어요.
소중한 추억을 기록해 봐요.

How to use 3

이 책에는 절취선을 따라 뜯어서 사용할 수 있는 성장 엽서와 포토 키트도 담았어요. 엽서와 키트를 먼저 뜯어 낸 후 사진을 붙여요. 엽서에는 우리 강아지의 기억하고 싶은 순간을 글이나 사진으로 기록해요. 포토 키트는 셀프 촬영할 때 좋은 소품이 될 수 있는 그림 카드예요. 생일 파티나 특별한 날에 갈런드(garland)처럼 사용할 수도 있어요.

엽서 뒷면에 기억하고 싶은 순간을 적어 봐요.
편지를 써서 선물해도 좋아요.

성장 엽서를 책상이나 냉장고에 붙여 두거나
액자에 끼워 두면 멋진 인테리어 소품이 돼요.

'50일', '생일' 등 특별한 날, 셀프 촬영을 할 때 사용하는
포토 키트예요. 강아지 옆이나 벽에 붙여 촬영해 봐요.

자는 모습, 목욕 등 일상을 사진으로 남길 때 쓰는
포토 키트도 있어요. 재미있게 연출해 봐요.

• 우리 강아지를 위해 세상 단 하나뿐인 포토 앨범&감성 라이팅북을 만들어 보세요 •

보고 또 보고 싶은 우리 강아지의 찰나의 순간, 카메라와 휴대폰 메모리에 쌓아만 두지 말고
《찰나의 순간》에 남겨 보세요. 사진을 찍고, 고르고, 붙이고, 글을 쓰면서 소중한 추억을 되새길 수 있을 거예요.
완성된 앨범은 가족에게 두고두고 펼쳐 볼 추억이, 우리 강아지에게는 사랑이 담뿍 담긴 가족의 정표가 될 거예요.

Our
First Meeting

꼬물꼬물
내 품속에 파고들어 스르르 잠이 들면
난 포근함을 느껴.

I'm so excited

심쿵!
너는 나를 설레게 해.

Mother's love

세상에서 제일 좋은 건 엄마 품,
엄마 품에 있으면 스르르 잠이 와.

Sweet Dreams

무슨 꿈을 꾸니?
발끝을 돌렸다가, 머리를 소파에 쿵~
자는 모습을 보면 천사 같아.

Always You

그 자리에 있어줄게, 늘

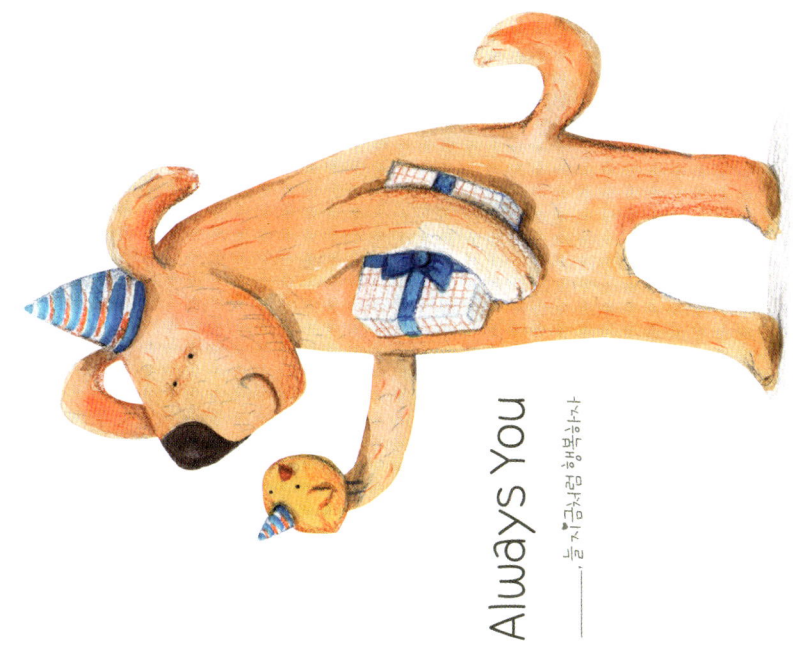

Beautiful Moments

무엇보다 그때, 기억하고 싶은 나이서의 오늘

찰나의 순간 강아지

찰나의 순간 강아지

Stay with Me

쓰담쓰담, 내 옆에 있어 줘서 고마워

You're My Star

토닥토닥, 넌 만나기 정말 잘했다고 느낀 순간

참 나의 순간 강아지

참 나의 순간 강아지

I'll Be There for You

내 모든 위로는 너야.
우린 늘 서로의 편이야. 그렇지?

I will Always be with You

바람 불면 같이 맞아.
비 오면 마중 나갈게.
항상 내가 곁에 있다는 거 알아 줘.

Our Favorite Day

너와 함께하는 매일매일이 행복해.
그래서 오늘은 정말 멋진 날이야.

Oh! My Baby

귀를 쫑긋, 고개를 갸우뚱,
물끄러미 나를 바라보는
우리집 막둥이.

Understand Each Other!

그래,
나한테 다 얘기해.
고민이 뭐야?

Looks Like Us

콕, 찍어 낸 붕어빵처럼 닮았다고 느낀 순간

Go on a Trip

너를 만나러 친 건 난 늘 설레게 해 버려 여행처럼.
그래서 너와 함께 가고 싶은 거 ㅅ

할 나의 순간 강아지

할 나의 순간 강아지

Your Scent

폴폴, 너를 생각나면 난 데려다 주는 향기

Love Song

랄라 ♪ 너와 함께 부르고 싶은 노래, 쉿 ♪ 너에게 불러주고픈 노래

찰나의 순간 강아지

찰나의 순간 강아지

You're the only one for me

너한테만 알려 줄게.
여기가 내 비밀 아지트야.
이제 우리, 한 배를 탄 거야.

My Dear
Little Monkey

오늘도 잔뜩 어지럽힌 거야?
불만이 뭐야?
우리 대화 좀 하자.

Could be my family?

있잖아,
우리 가족이 될 수 있을까?

I love you

온 집안을 어지럽히고, 매일 안아달라고 어리광을 부리지만
엄마가 사랑해.

Oh, Happy Day
너와 나누고 싶은 좋은 날

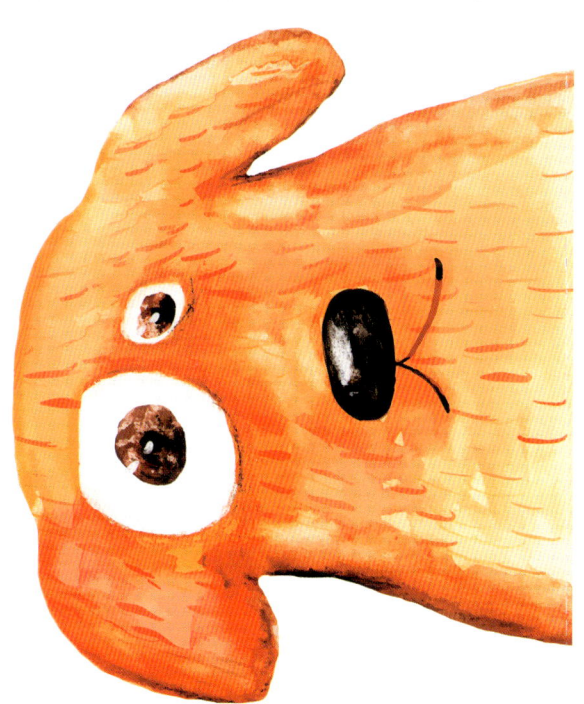

A Great Book
내가 좋아하는 책, 내가 읽어 주고 싶은 책

찰나의 순간 강아지

찰나의 순간 강아지

I love you, too
나도 만ㅇ️ 사랑해!

I love you _____
만ㅇ️ 사랑해!

찰나의 순간 강아지

True Love

맛있는 음식을 보면 니가 생각 나.
예쁜 옷을 보면 니가 생각 나.
너에게 좋은 것만 주고 싶어.

Happy Birthday to You

생일 축하해~
세상에서 제일 사랑스러운
귀여운 우리 아가.

Are you late?

사랑한다며? 오늘도 늦는 거야?
벌써 올 시간이 한참 지났는데…

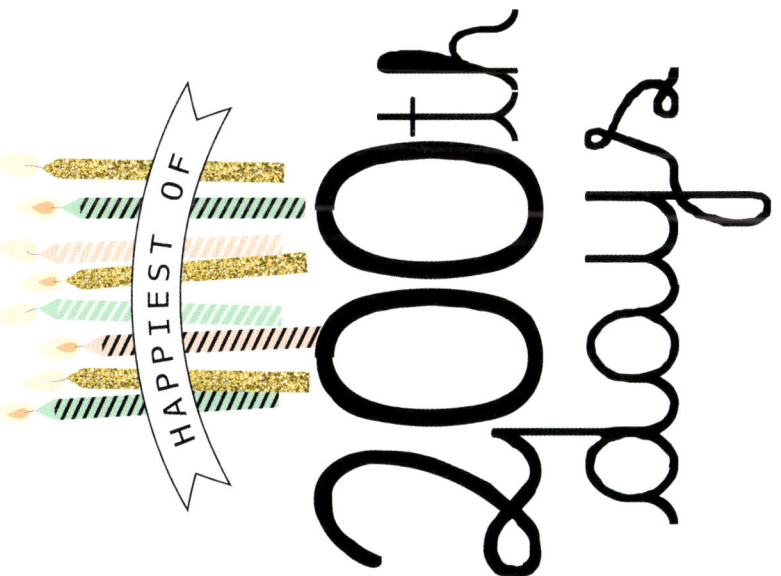

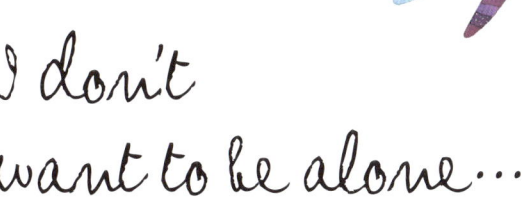

I don't want to be alone…

종일 누군가를 기다려 본 적 있어?
나는 너를 기다려.
그렇게 매일.

Oh! Happy Day

그거 알아?
나는 엄마가 내 이름을 불러 줄 때가
가장 행복해.

You and me

우리 자주 산책하자.
풀 냄새도 좋고, 바람 소리도 좋지만
너와 보조를 맞춰 함께 걸을 수 있어서 행복해.

You are my everything

그거 알아?
나는 세상 누구보다 엄마를 사랑하는
우주의 유일한 생명체라는 것을.

Promise me…

하나만 약속해 줘.
늘 지금처럼 아프지 말고, 건강하고 씩씩하게.
사랑해.

I'll care for you!

아파요?
어디가?
그게 마음이라면, 내가 치료해 줄게.

I'm scared!
Stay with me

졸려서 스르르 눈이 감겨.
무서운 꿈을 꿀지도 모르니까.
꼭 내 옆에 있어.

Wherever i am,
You are always with me

너랑 나랑,
한 발, 두 발
우리의 산책 코스.

Everything Is Lovely

내가 가장 좋아하는 냄새
폴폴~ 너의 꼬순내.

BestFriends

Forever

Lullaby

Everything Will Be Fine

돌아보면 항상 늘 내 곁에 있는 너.
너와 같은 곳을 바라볼 수 있어서.
함께할 수 있어서 행복해.

살다 보면 외로울 때가 있어.
그럴 땐 널 생각해.
언제나 내 곁에서
토닥토닥 나를 위로해 주는 너.

Beautiful Moments

하나만 기억해 줘.
넌 세상을 빛으로 가득 채우는 존재라는 걸.

• Questions That Make Me Happy •

뭉클했던 그때, 기억하고 싶은 너와의 첫 만남

Memory • Write, draw, and paste photos here.

Date. 201 . . .

지금 너는

We wish you a Merry Christmas

• Questions That Make Me Happy •

폴폴, 너를 생각하면 떠오르는 냄새

Memory • Write, draw, and paste photos here.

Date. 201 . . .

지금 너는

• Questions That Make Me Happy •

폭신폭신, 너의 말랑 젤리를 보여 줘!

Memory • Write, draw, and paste photos here.

Date. 201 . . .

지금 너는

• Questions That Make Me Happy •

얍! 너의 전용 포즈

Memory • Write, draw, and paste photos here.

Date. 201 . . .

지금 너는

• Questions That Make Me Happy •

만약 네가 사람이었다면, 내가 강아지였다면

Memory • Write, draw, and paste photos here.

Date. 201 . . .

지금 너는

• Questions That Make Me Happy •

뚜벅뚜벅, 우리의 단골 산책 코스

Memory • Write, draw, and paste photos here.

Date. 201 . . .

지금 너는

• Questions That Make Me Happy •

심쿵, 기억하고 싶은 너의 행동

Memory • Write, draw, and paste photos here.

Date. 201 . . .

지금 너는

• Questions That Make Me Happy •

쓰담쓰담, 가족이 되어 줘서 고맙다고 느낀 순간

Memory • Write, draw, and paste photos here.

Date. 201 . . .

지금 너는

• Questions That Make Me Happy •

나를 설레게 했던 여행지, 너와 함께 다시 한 번

Memory • Write, draw, and paste photos here.

Date. 201 . . .

지금 너는

I love you
forever

Thanks for coming to me.

• Questions That Make Me Happy •

랄라♪ 너와 함께 듣고 싶은 노래

Memory • Write, draw, and paste photos here.

Date. 201 . . .

지금 너는

• Questions That Make Me Happy •

콕, 찍어 낸 붕어빵처럼 우리가 닮았다고 느낀 순간

Memory • Write, draw, and paste photos here.

Date. 201 . . .

지금 너는

• Questions That Make Me Happy •

너와 함께하고 싶은 것들

Memory • Write, draw, and paste photos here.

Date. 201 . . .

지금 너는

사랑하는 사람과 함께 만드는 감성 앨범&라이팅북

찰나의 순간 BABY — 행복한 가족 지음

태교부터 육아까지 엄마가 사진과 손글씨로 기록하는 감성 앨범&라이팅북
우리 아가의 성장 스토리를 한 권의 성장 앨범&감성 라이팅북으로 만들어 보세요. 걸음마 하는 모습을 담은 사진, 월령별 우리 아가의 성장 발달 사항을 기록한 메모 등 예쁜 사진과 글을《찰나의 순간 BABY》에 남긴다면 우리 아가에게 행복한 선물이 될 거예요.

찰나의 순간 LOVE — 보통의 우리 지음

첫 만남부터 프러포즈까지 사진과 손글씨로 기록하는 감성 앨범&라이팅북
사랑스러운 연인들의 소소한 일상부터 기념일, 여행 등 모든 순간을 커플 앨범&감성 라이팅북으로 만들어 보세요. 설레서 잠이 오지 않았던 기억, 서로 엇갈려 조바심 나던 시간 등《찰나의 순간 커플》과 함께 둘만의 소소한 이야기를 시작해 보세요.

찰나의 순간 DOG — 또 하나의 가족 지음

사 진 과 손 글 씨 로 기 록 하 는 반 려 견 감 성 앨 범 & 라 이 팅 북
항상 내 편이 되어 주는 또 다른 가족, 반려견의 성장 스토리를 한 권의 성장 앨범&감성 라이팅북으로 만들어 보세요. 함께라서 더 행복한 반려견의 일상을 담은 사진, 반려견에게 하고 싶은 이야기 등 입양에서 가족이 되기까지의 스토리를《찰나의 순간 DOG》에 남긴다면 사랑하는 반려견과의 특별한 추억이 될 거예요.

찰나의 순간 CAT — 또 하나의 가족 지음

사 진 과 손 글 씨 로 기 록 하 는 반 려 묘 감 성 앨 범 & 라 이 팅 북
항상 내 곁에서 나를 위로하는 또 다른 가족, 반려묘의 성장 스토리를 한 권의 성장 앨범&감성 라이팅북으로 만들어 보세요. 도도한 냥이의 일상을 담은 사진, 냥이에게 하고 싶은 말 등 입양에서 가족이 되기까지의 스토리를《찰나의 순간 CAT》에 남긴다면 사랑하는 반려묘와의 특별한 추억이 될 거예요.